Lennox Berkeley
Sonatina
for Guitar

Chester Music

For Julian Bream

Sonatina

for Guitar

Fingered by Julian Bream

I

Lennox Berkeley
(Op. 52/1)

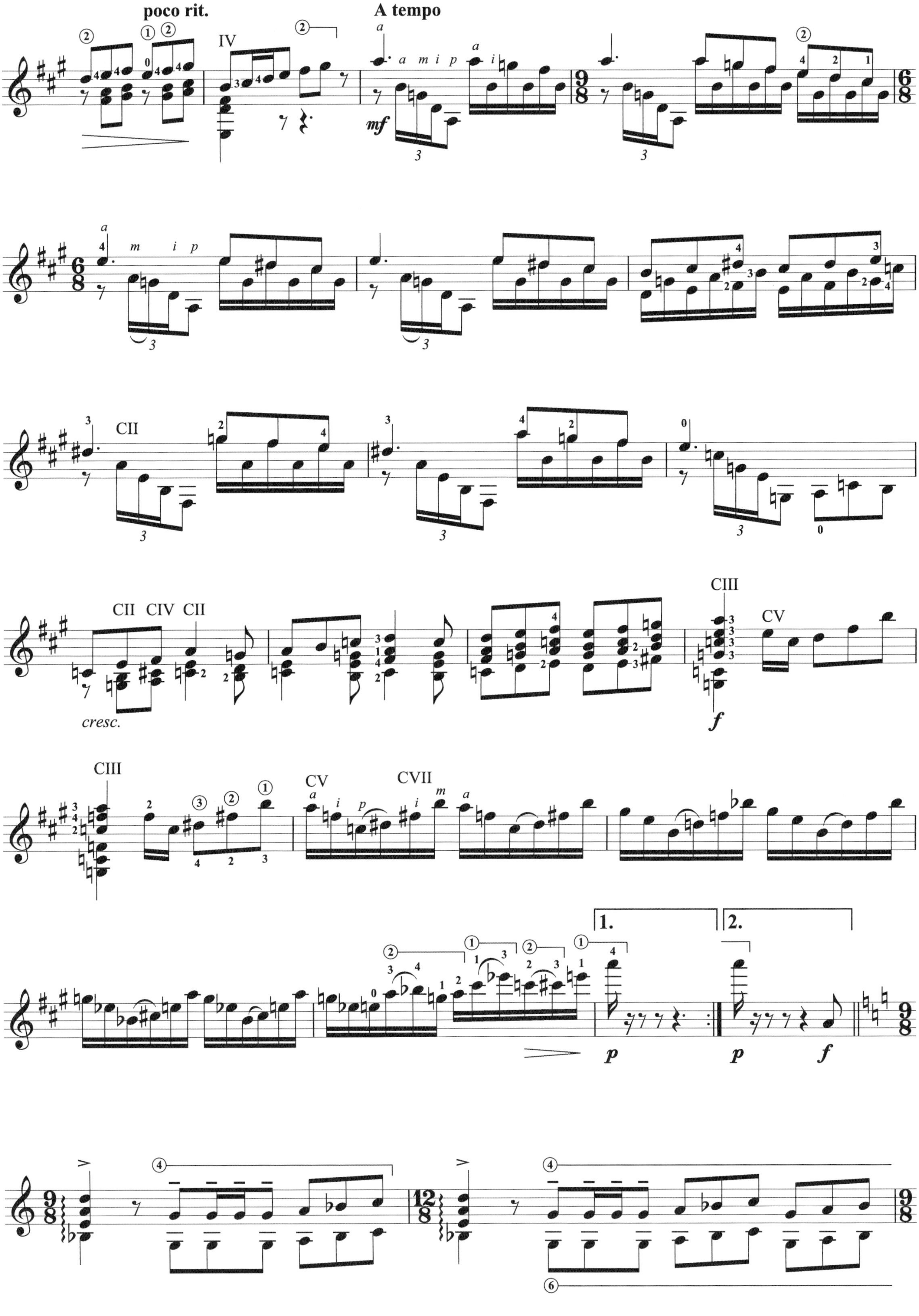
poco rit.
A tempo
IV
mf
CII
CII CIV CII
cresc.
CIII
CV
f
CIII
CV
CVII
1.
2.
p
p
f

poco rit.
CII
dim.
A tempo
p (quasi lontano)
CV
CIV
pizz.
CII
cresc.
Rasg.

Rasg.
Rasg.
ff
f
mf
CVII
poco rit.
A tempo
cantabile
p

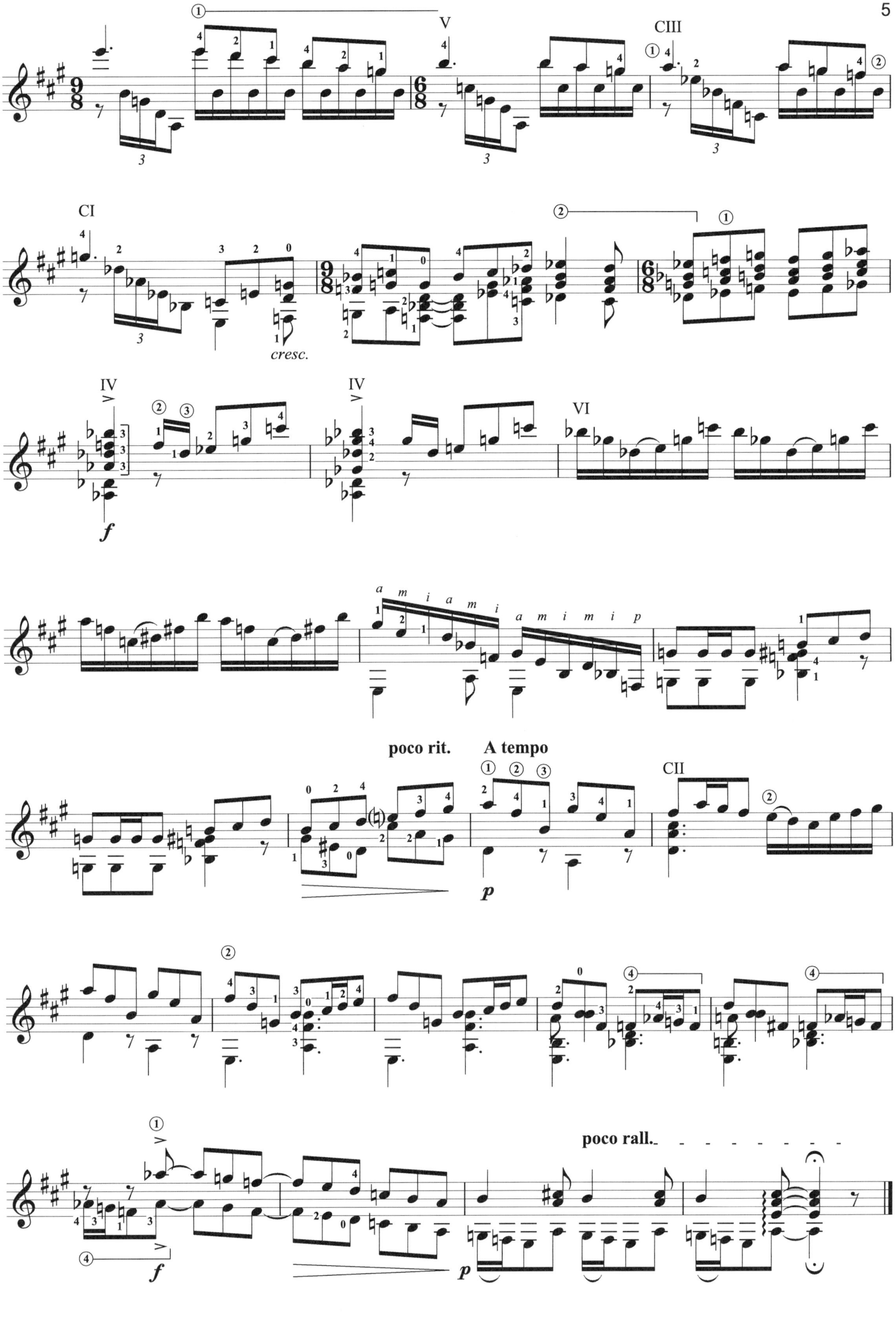
V
CIII
CI
cresc.
IV
IV
VI
a m i a m i
a m i m i p
poco rit.
A tempo
CII
poco rall.

II

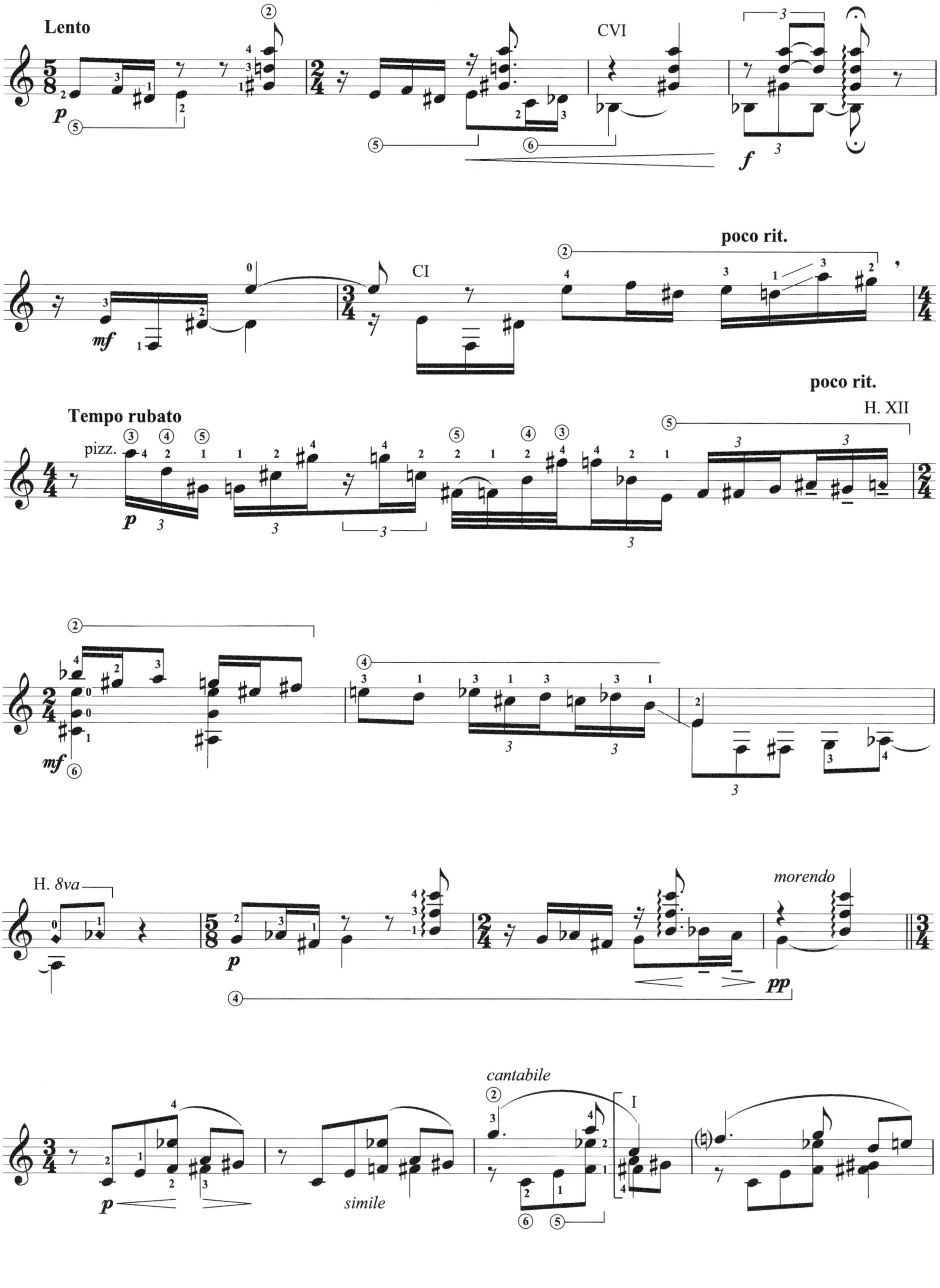
Lento
CVI
poco rit.
CI
Tempo rubato
pizz.
poco rit.
H. XII
H. 8va
morendo
cantabile
simile
I

I
CIX
CVII
CIV
H. XII
CIV
H. 8va
espress.
H. XII

III
Rondo

Allegro non troppo

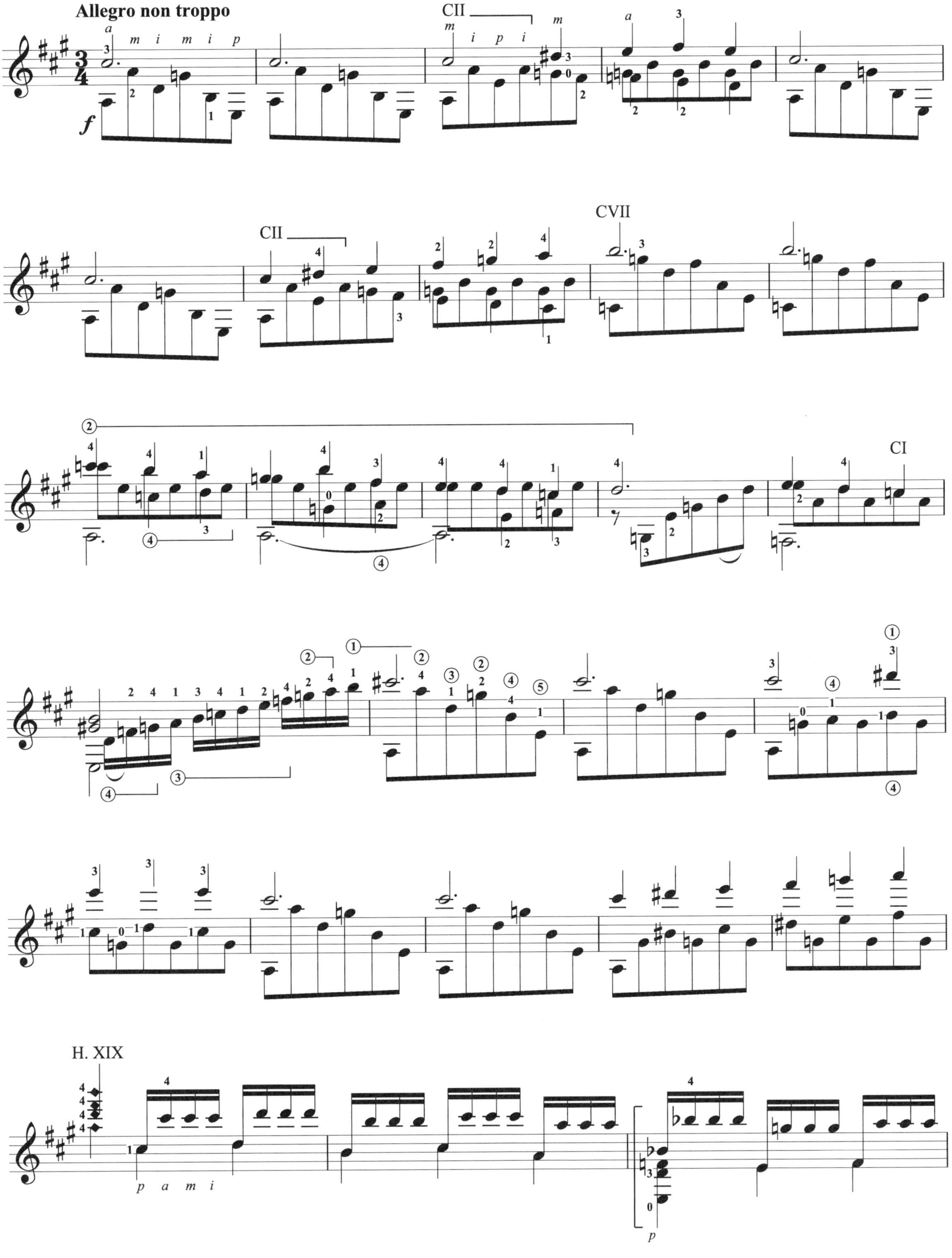

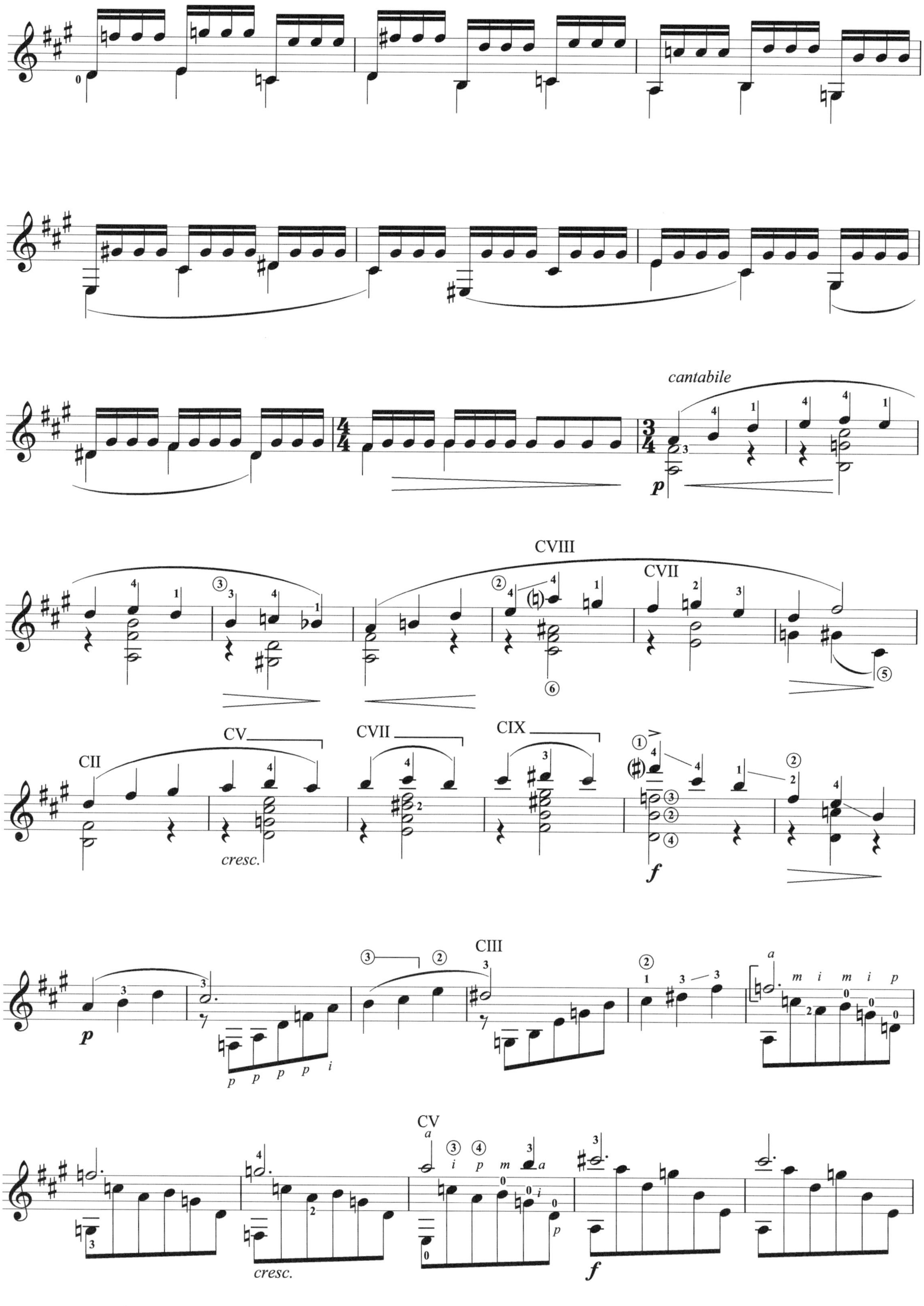
cantabile
CVIII
CVII
CII
CV
CVII
CIX
cresc.
CIII
CV
cresc.

CII
CVI
CVIII
cresc.
CIX
ff
dim.
sul
cantabile
p
sul
H. XII
(p)
CIV

CIII
cresc.
A tempo
cantabile
CVI
cresc.

CVIII
CIX
rit.
Lento
H.
IV VII XII XII XII
più f
accel.
più vivo
a m i m i p
CI
Rasg.
ff
mf
f
i p i p i p